AF440257

MOYENS

DE REMÉDIER

AUX INCONVÉNIENTS DU BUDGET

PROPOSÉ PAR LE MINISTRE DES FINANCES.

PAR L'AUTEUR DES CONSIDÉRATIONS SUR L'ORGANISATION SOCIALE,

, IMPRIMÉES EN 1802 CHEZ MIGNERET.

Hoc verissimum sine summa justicia rempublicam regi non posse. (CIC.)

A PARIS,

CHEZ L. G. MICHAUD, IMPRIMEUR DU ROI,

RUE DES BONS-ENFANTS, N°. 34.

AOUT 1814.

MOYENS

De remédier aux inconvénients du Budget proposé par le Ministre des Finances.

AVERTISSEMENT.

LA discussion du budget va commencer. On croit en France que ces matières sont très obscures, cependant elles sont faciles à comprendre ; il ne faut qu'un peu d'attention. Ma longue expérience m'a convaincu que ce budget était mal calculé, mal rédigé. Il est évident que le projet ne pourvoit pas à une juste liquidation de l'arriéré, ni au soulagement de l'agriculture et du commerce, au dégrèvement des contribuables, à une meilleure répartition des contributions, ni à une circulation plus active des capitaux, ni à l'amortissement de la dette publique, et qu'il n'établit que des surtaxes, accompagnées d'un énorme agiotage.

Pour suivre le budget dans tous ses écarts

on écrirait des volumes ; il est plus simple de proposer un autre projet de loi.

Si le public se souvient de l'ouvrage que j'ai publié en 1802 , il trouvera peut-être qu'il est temps de s'attacher aux principes, d'une manière ferme et invariable.

Ce projet de loi exigerait une meilleure rédaction, mais n'étant précédé d'aucun discours, il faut que je le publie dans cette forme irrégulière, pour qu'il ait quelque chose de la définition.

PROJET DE LOI

Pour l'établissement du Budget de 1815.

TITRE PREMIER.

De la liquidation de l'arriéré.

Art. 1er. Il sera créé un bureau de liquidation générale pour constater et liquider la dette arriérée de tous les ministères.

Art. 2. Les opérations de ce bureau seront imprimées mois par mois et ses procès-verbaux seront distribués à la chambre des pairs ainsi qu'à la chambre des députés.

Art. 3. Les créanciers qui déposeront leurs titres dans un trimestre, seront liquidés et payés dans le trimestre suivant, par ordre de numéros, à moins d'empêchement; et dans ce cas les procès-verbaux feront mention des motifs pour lesquels la liquidation est ajournée.

Art. 4. Il sera pourvu au payement de l'arriéré par des obligations de la trésorerie, portant cinq pour cent d'intérêt à dater de la délivrance de l'ordonnance de liquidation.

Art. 5. 3oo mille hectares de bois de l'état seront mis en vente après estimation préalable; cette estimation sera faite par trois experts assermentés nommés dans chaque département par le conseil de préfecture; les procès-verbaux de cette estimation seront publiés, affichés et adressés en double original au ministre des finances, et au bureau de la liquidation générale.

Art. 6. Dès que la moitié des créances composant l'arriéré sera liquidée, il sera procédé à la vente d'une valeur correspondante en bois, et les obligations du trésor seront seules admises en payement; le reste des 3oo mille hectares sera vendu de la même manière à la fin de la liquidation générale.

Art. 7. Les biens des communes actuellement existants resteront en propriété auxdites communes, jusqu'à ce qu'il en ait été autrement ordonné.

Art. 8. Dans le cas où la vente de 3oo mille hectares de bois ne serait pas suffisante pour acquitter l'arriéré de tous les ministères , il sera procédé a de nouvelles ventes à concurrence du montant général des liquidations, et toujours après estimation publique (1).

Titre II.

Des recettes et dépenses.

Art. 1er. La dépense de l'année 1815 est fixée, conformément aux estimations des ministres, à la somme de 547 millions 700 mille francs, et la recette de la même année à la somme de 55o millions 5oo mille francs.

Art. 2. En attendant que le gouvernement puisse préparer les travaux nécessaires pour accorder de plus grands soulagements à toutes les classes de contribuables, les contributions seront modérées ainsi qu'il suit :

---

(1) Il faut vendre les forêts, non seulement pour payer la dette, mais surtout pour augmenter la circulation, ainsi que les produits des mutations, et pour délivrer l'état d'une régie qui , d'après le ministre, consume le tiers du revenu apparent des bois.

La contribution foncière sera
réduite à...................... 180 millions.

La contribution personnelle à.. 27 millions.

Art. 3. Les centimes additionnels demeurent
supprimés ; on ne pourra joindre au principal
des contributions directes que 8 centimes par
franc, dont moitié applicable aux dépenses
communales, et l'autre moitié au payement des
frais de perception.

Art. 4. Ces contributions étant diminuées de
112 millions 74 mille francs sur le projet de
loi précédemment présenté, la contribution des
maisons sera fixée à 30 millions (1) répartie
d'après la valeur locative, et le propriétaire
sera autorisé à répéter la taxe sur les locataires
au marc le franc du prix du loyer, moyen-
nant quoi l'impôt sur les portes et fenêtres demeure supprimé.

Art. 5. Les patentes et les droits sur les
boissons seront supprimés et remplacés par un impôt de faculté qui sera fixé pour l'année 1815 à
la somme de 60 millions (2).

---

(1) Les maisons payent au-delà de 60 millions pour la contribution foncière, pour les portes et fenêtres, pour les centimes ordi-
naires et extraordinaires ; les propriétaires éprouveront ainsi un
grand soulagement, même en payant 20 millions en sus du nouvel
impôt, pour leur part de la contribution foncière jusqu'à son
extinction.

(2) On demandera peut-être ce que c'est que cet impôt facul-

Art. 6. Pour répartir, d'une manière convenable, cet impôt de faculté, tous les arts et métiers seront mis en corporation sous la direction de leurs propres syndics.

Art. 7. Si les travaux préparatoires permettent de rendre au commerce en 1815 le débit des sels et des tabacs, il ne pourra être demandé aux débitants qu'une somme égale à celle qu'aurait produite la régie des sels et des tabacs.

Art. 8. L'impôt sur le sel sera réduit à deux

---

tatif. C'est un choix de contributions légères demandées à chaque corporation , et répétées par elles sur les consommateurs, sans aucun intermédiaire. L'impôt de l'équivalent était autrefois établi de cette manière en Languedoc, et la majeure partie des taxes anglaises est fondée sur le même principe.

J'ai prouvé, d'après ces grands exemples, *que la consommation est la mesure ordinaire des facultés, et que taxer légèrement l'industrie des débitants intérieurs, c'est taxer les facultés réelles,* sans qu'il en résulte ni vexation ni renchérissement des subsistances.

Au surplus, je ne demande que 60 millions pour cet impôt qui remplacerait les patentes et les droits sur les boissons. Or, les patentes donneraient, suivant le ministre. 16,187,000
et les droits sur les boissons. 55,000,000

TOTAL. 71,187,000

Je propose ainsi une diminution sur cet article de plus de onze millions, sans compter la suppression des frais, et des tracasseries de l'administration des droits-réunis.

sous par livre aux salines : cet impôt sera calculé de manière à produire au plus 5o millions.

Art. 9. Le produit des tabacs sera calculé pour une somme de 4o millions.

Art. 10. Le tarif des douanes sera modéré de manière à ce qu'elles ne puissent produire au-delà de 20 millions. Aucun droit de sortie ne pourra être établi sur les productions du sol français, ni sur celles des manufactures nationales.

Art. 11. L'administration de la loterie réduira provisoirement ses tirages à un par mois, et les profits de la loterie seront versés dans une caisse générale des hôpitaux.

Art. 12. Le tarif des postes sera régularisé, et son produit, calculé pour un revenu de 12 millions.

Art. 13. La régie des poudres et salpêtres bornera la taxe de ses produits à la somme de 5oo mille francs.

Art. 14. Il ne sera plus perçu aucun profit de monnayage. Le droit des hôtels de monnaie se bornera aux frais de fabrication.

Art. 15. L'enregistrement, timbre et domaine sont évalués, d'après l'aperçu du ministre des finances, à 1o8 millions.

Art. 16. Les bois de l'état, jusqu'à leur aliénation, seront considérés comme étant d'un revenu de 20 millions.

Art. 17. Les recettes accidentelles sont estimées à la somme de 3 millions.

Art. 18. Le total général de ces produits, s'élevant à la somme de 550 millions 500 mille francs, excède de 2 millions 800 mille francs l'aperçu fait par les ministres de toutes les dépenses de leurs ministères. Cet excédant, ainsi que les économies qui pourront être faites dans le courant de l'année, seront applicables au paiement des dépenses imprévues.

Titre III.

Dispositions générales.

Art. 1er. Les répartitions de la contribution foncière, personnelle et mobilière, ainsi que celle des portes et fenêtres, seront faites par les conseils généraux et par les conseils d'arrondissement auxquels seront adjoints les quarante plus haut taxés.

Art. 2. Les traitements fixes et remises des receveurs particuliers, ainsi que les remises des percepteurs à vie, seront diminués provisoirement d'un cinquième, au profit de chaque commune ; et ces retenues seront ajoutées aux fonds destinées aux indemnités pour grêle ou incendie, auxquels le dixième des octrois demeure affecté.

Art. 3. Le montant des dépenses communales

sera réduit par les conseils généraux, réunis aux quarante plus haut taxés.

Art. 4. La contribution foncière devant être supprimée, un tiers en 1816, un tiers en 1817 et le dernier tiers en 1818, l'administration du cadastre demeure supprimée.

Art. 5. Les rôles des contributions foncière, personnelle et mobilière, ainsi que ceux des portes et fenêtres, seront dressés chaque année par les maires-adjoints et secrétaire-général de la commune, et vérifiés par les quarante plus haut taxés, jusqu'à la suppression définitive des deux premières contributions, et jusqu'à cette époque les réclamations seront jugées par le conseil de préfecture, après avoir pris l'avis des quarante plus haut taxés de la commune, et du sous-préfet de l'arrondissement.

Art. 6. En conséquence de ces dispositions, l'administration des contributions directes demeure supprimée.

Art. 7. Il sera pourvu au remploi de tous les employés réformés dans les différentes adminis-trations, ou à la fixation de leurs pensions de retraites, suivant leurs grades, leurs services, et l'ordre du tableau.

Art. 8. Les départements qui, au moyen du dernier traité de paix, se trouveront éprouver un accroissement ou une distraction de territoire, éprouveront sur les contributions directes une augmentation ou une diminution proportionnelle.

Art. 9. Les bois restitués à leurs anciens propriétaires, accroîtront le contingent des communes où ils sont situés.

Art. 10. Les conseils généraux des communes, réunis aux quarante plus haut taxés de chaque département, dresseront l'état de toutes les contributions extraordinaires exigées sous quelque titre que ce soit dans le courant des années 1813 et 1814; l'état circonstancié de ces contributions extraordinaires, sera publié et affiché dans le chef-lieu de chaque arrondissement, et le préfet sera tenu de rendre compte de l'emploi des valeurs levées de cette manière. Le compte du préfet sera adressé en double original au ministre des finances ainsi qu'au ministre de l'intérieur.

TITRE IV.

Caisse d'amortissement et de circulation.

Art 1er. Il sera pourvu à l'établissement d'une caisse d'amortissement pour le rachat des rentes transmissibles et pour le remboursement des cautionnements dont les emplois pourraient être supprimés ou modérés à l'avenir.

Art. 2. Les fonds de cette caisse seront composés,

1°. Du prix de la vente des édifices apparte-
nants au gouvernement, et qui seront jugés inu-
tiles.

2°. Du prix des bois excédant les 3oo mille
hectares, distraction faite des forêts attachées
aux maisons royales.

3°. Du rachat des rentes foncières appartenant
à l'état.

4°. Du mobilier qui sera réputé inutile dans les
édifices vendus, dans les magasins et arsenaux.

Art. 3. La caisse d'amortissement sera placée
sous la direction du ministre des finances et d'une
commission composée de cinq membres de la
chambre des députés et de quatre membres de la
chambre des pairs.

Art. 4. Les opérations de la caisse d'amortissement seront publiées de six mois en six mois,
ainsi que le compte de ses recettes et dépenses.
Deux exemplaires de ce compte seront distribués
à chaque membre de la chambre des députés et
de la chambre des pairs.

Art. 5. La caisse d'amortissement ainsi orga-
nisée pourra émettre des obligations pour le paiement des sommes qu'elle sera tenue d'acquitter.
Ces obligations seront payables à vue au bureau
de la caisse, et seront reçues pour leur valeur nominale dans toutes les caisses publiques (1).

---

(1) La circulation est beaucoup trop faible en France; on nous

Art. 6. Le ministre des finances pourra donner en nantissement à la caisse d'amortissement ou à la banque les obligations des receveurs-généraux, en échange des obligations de la caisse; mais cet échange ne pourra avoir lieu que sur une délibération du conseil d'état.

Art. 7. La caisse d'amortissement sera autorisée à ouvrir un emprunt à concurrence de 100 millions à 4 pour cent, dans lequel les obligations du trésor données en paiement aux créanciers de l'état, seront reçues pour leur valeur nominale.

Art. 8. Les porteurs de ces obligations auront également le droit de les convertir en inscriptions sur le grand livre.

Dispositions pour 1816, 1817 *et* 1818.

A mesure que les contributions directes seront supprimées, il sera pourvu à leur remplacement par de légères augmentations de l'impôt de faculté, et par les bonifications qu'éprouveront né-

---

dit que l'argent est caché par les capitalistes, mais ils ne sont pas si dupes. On nous dit aussi que la rente monte, mais il n'y a personne à la bourse qui ne sache que ce n'est qu'une hausse artificielle; le crédit n'augmente réellement que par la sagesse et l'économie.

cessairement alors les produits du timbre ainsi que ceux de l'enregistrement (1).

---

(1) La prospérité de l'Angleterre nous dit sans cesse que l'on ne peut avoir une bonne agriculture ni un bon commerce avec de fortes taxes sur les terres, avec des monopoles, enfin avec un système général de prohibition.

FIN.